44
Lb 44.

OBSERVATIONS

SUR L'HISTOIRE

DE NAPOLÉON.

IMPRIMERIE DE C. J. TROUVÉ,
Rue Notre-Dame-des-Victoires, n° 16.

OBSERVATIONS

SUR L'HISTOIRE

DE NAPOLÉON

D'APRÈS LUI-MÊME,

PUBLIÉE PAR LÉONARD GALLOIS.

Troisième Édition.

A PARIS,

CHEZ C. J. TROUVÉ, LIBRAIRE,

RUE NOTRE-DAME-DES-VICTOIRES, N° 16.

1827.

OBSERVATIONS

SUR L'HISTOIRE

DE NAPOLÉON.

L'AUTEUR, pour justifier son titre, assure que tous les chapitres de son livre ont été fournis par Napoléon lui-même, en ce que les faits qui en font la matière ont été recueillis de sa bouche par ses compagnons d'exil, et se « trouvent consignés dans les précieux
» *Mémoires pour servir à l'histoire de France sous Na-*
» *poléon*, publiés par les généraux Montholon et Gour-
» gaud; dans le *Mémorial de Sainte-Hélène*, de M. de
» Las-Cases; dans les relations des docteurs O'Méara
» et Antommarchi; dans les *manuscrits* mis au jour
» par M. le baron Fain, et dans plusieurs autres Mé-
» moires dignes de foi. »

Notre objet n'est pas d'examiner dans son ensemble l'ouvrage de M. Léonard Gallois. Nous n'avons ni à avouer, ni à contester en général la pureté des sources où il annonce avoir puisé. Deux ou trois faits seulement, qui se rattachent à la jeunesse de son héros, nous ont frappé, presqu'à l'ouverture du livre, par leur peu d'accord avec la vérité; et, comme il est impossible qu'ils aient été recueillis de la bouche de Napoléon, nous sommes fondé à croire que, s'ils ne sont pas de l'invention de l'auteur, il les a puisés dans des *Mémoires* peu *dignes de foi*.

Si l'on en croit M. Gallois, chap. III, pag. 27, « le » jeune Napoléon venoit d'entrer dans sa dix-septième » année, lorsqu'il fut nommé lieutenant en second dans » le régiment d'artillerie de La Fère : son brevet étoit » daté du 1er septembre 1785. Il se disposoit à aller » rejoindre son régiment, lorsqu'il reçut un nouveau » brevet de lieutenant en premier dans le régiment de » la même arme, résidant à Valence; il prit aussitôt la » route opposée, et se rendit dans le Dauphiné. »

Il semble que M. Gallois, qui, dans son chapitre Ier, a cherché à donner à Buonaparte une origine des plus illustres, ait cru nécessaire de prêter un caractère extraordinaire à son entrée au service militaire, dans un corps savant, en le faisant, par une exception jusqu'alors inouïe dans celui de l'artillerie, sauter à pieds joints des bancs de l'école par-dessus le grade de lieutenant en second pour entrer d'emblée, à l'âge de seize ans et quelques jours, dans un régiment de cette arme, avec le grade de lieutenant en premier. Mais, en cela, le vrai est sacrifié à une sorte de *grandiose* de pure imagination.

Le fait est que le jeune Buonaparte entra effectivement vers la fin de 1785, revêtu du grade de lieutenant en second, dans le régiment de La Fère, alors *en garnison à Auxonne*; qu'il resta dans cette ville plus de quatre ans, puisqu'il y étoit encore en 1790, et que ce ne fut que dans cette dernière année qu'il passa du régiment de La Fère dans celui de Grenoble, en garnison à Valence, où, en 1791, il se trouvoit le quatrième des lieutenans de première classe.

Si l'on nous demande nos preuves, elles ne manquent pas; elles existent dans l'*état militaire du corps royal de l'artillerie*, publié chaque année depuis 1786 jusqu'à 1791; elles existent dans le souvenir de tout ce qui reste des officiers d'artillerie contemporains, et particulièrement de ceux qui ont servi dans les régimens de La Fère et de Grenoble; elles existent dans la mémoire d'une grande partie de la population actuelle de la ville d'Auxonne (1); et si notre propre témoignage, témoignage *de visu et auditu*, pouvoit ajouter à ces preuves, nous le proposerions sans crainte d'être démenti.

Si cela ne suffisoit pas, nous articulerions des faits et des circonstances d'une telle notoriété, que M. Gallois est peut-être le seul à l'oreille de qui la renommée ne les ait pas portés.

Nous dirions que, pendant une partie du temps de sa résidence à Auxonne, Buonaparte avoit avec lui son jeune frère *Louis*, dont il étoit à la fois le Mentor et l'instituteur; que celui qui devoit un jour monter sur le trône de la Hollande, couchoit à la caserne

---

(1) Lorsque Buonaparte, devenu premier consul, se rendit à Marengo, il arriva le 17 floréal an VIII (7 mai 1800) à Dijon, où il passa la journée et coucha. Le lendemain, de grand matin, il prit sa route par Auxonne, où il s'arrêta la matinée tout entière. Là, il fut extraordinairement fêté par les habitans. Accessible à tout le monde, il s'entretenoit familièrement avec les personnes de tout rang qu'il avoit connues, demandant curieusement et avec intérêt des nouvelles de celles qu'il n'apercevoit pas dans la foule qui remplissoit l'appartement et se pressoit autour de lui.

dans un cabinet de domestique tenant à la chambre qu'occupoit son frère, qui certes étoit loin de prévoir, les destinées que, dans ses décrets, lui réservoit la Providence (1); que Buonaparte mettoit lui-même, chaque jour, ce qu'on appelle le pot-au-feu, dont son frère et lui se contentoient philosophiquement; que *Louis* fit à Auxonne sa première communion, et qu'elle lui fut administrée par M. l'abbé Morelet, prêtre familier de l'église paroissiale Notre-Dame de cette ville, et frère de madame Pillon d'Arquebouville, dont le mari commandoit à l'arsenal.

Nous dirions que Buonaparte fréquentoit habituellement le cabinet du savant professeur d'artillerie, Lombard, qui voyoit en lui un sujet de haute distinction et d'une grande espérance (2); qu'il étoit reçu

---

(1) Pendant la durée de nos anciennes fonctions de maire de la ville d'Auxonne, nous avons eu l'occasion d'accompagner plusieurs de MM. les préfets de la Côte-d'Or, dans la visite qu'ils ont desiré faire du modeste appartement qu'avoit occupé celui qui habitoit alors dans le somptueux palais des rois de France.

(2) Voici ce que nous écrivions en 1802, dans les *Recherches biographiques sur le professeur d'artillerie Lombard*, que nous avons publiées la même année (in-8º de 48 pages, Dijon, L. N. Frantin), pag. 27 et 28 :

« .... Lombard avoit ce coup-d'œil juste, ce tact délié qui servent à porter des hommes un jugement sûr.

» Aussi le guerrier, dont les campagnes rendent croyable ce que l'histoire a recueilli de faits héroïques de tous les âges, Lombard l'avoit-il presque deviné dans le simple lieutenant d'artillerie. Il n'avoit point échappé à un esprit exercé à estimer les hauteurs, comme à calculer les distances, l'homme que..... ses rares talens, etc. — « CE JEUNE HOMME IRA TRÈS-LOIN, vous complaisiez-vous à dire, ô Lombard!... que ne

avec une bienveillance toute particulière dans la maison de M. Pillon d'Arquebouville, brigadier des armées du Roi, directeur de l'Arsenal, et qu'il s'étoit fait remarquer par M. le baron Duteil, maréchal-de-camp, commandant l'Ecole, officier sévère, mais juste, qui depuis, parvenu au grade de lieutenant-général, est tombé avec un courage admirable, en 1793, parmi les innombrables victimes immolées dans Lyon, cette héroïque cité alors asservie par des bourreaux.

Nous dirions que Buonaparte, dans les commencemens de la révolution, fut envoyé à la tête d'un détachement de canonniers, d'Auxonne à Seurre, ville voisine, à l'effet de prêter main-forte à l'autorité pour le maintien ou le rétablissement de la tranquillité publique troublée par des agitateurs; et de là à l'abbaye de Cîteaux, où l'insubordination des moines et leur insurrection contre le vénérable abbé-général de l'ordre, dom Trouvé, préludoient à l'événement alors prochain de la clôture des monastères, par suite de la suppression des ordres religieux.

Nous ajouterions qu'en 1790, Buonaparte fit imprimer à Dôle (Jura), chez Jos.-Franç.-Xav. Joly, sa *Lettre à M. Matteo Buttafoco, député de Corse à l'Assemblée nationale;* brochure dont nous avons peut-être les premiers révélé l'existence par un article inséré dans le *Journal de Dijon,* feuille du 4 août 1821. Il

---

vous étoit-il donné d'être l'heureux témoin d'une gloire que vous aviez pour ainsi dire pressentie ! »

Nous nous souvenons avec satisfaction que notre petit ouvrage ayant été mis sous les yeux du premier consul, celui-ci, qui se rappeloit parfaitement la fille de son professeur, lui fit toucher tout de suite une gratification de 1500 francs.

faut que cet article ne soit jamais tombé sous les yeux de M. Gallois, quoiqu'il ait été reproduit textuellement dans la *Gazette de France*, du 9 du même mois d'août, dans le feuilleton de *la Quotidienne*, du même jour, et qu'on le trouve rappelé avec détail, non-seulement dans un avertissement en tête d'une édition de la *Lettre* dont il s'agit, publiée sur la fin de 1821, par C. L. F. Panckoucke, mais encore dans l'*Annuaire nécrologique*, par M. A. Mahul (année 1821), article Buonaparte (*Napoléon*), pages 20—108 (1).

Nous ajouterions enfin qu'en 1790, Buonaparte entra en pourparler avec M. Joly pour l'impression d'une *Histoire civile, politique, etc., de l'île de Corse*, dont il étoit l'auteur : projet dont l'exécution fut suspendue par son départ d'Auxonne pour Valence, et qu'il abandonna par la suite (2).

En voilà plus qu'il n'en faut, sans doute, pour nous autoriser à affirmer que ce qu'a dit M. Gallois de l'entrée au service du jeune Buonaparte est un tissu d'erreurs. Mais ce n'est pas tout.

« Ainsi que cela se voit dans tous les corps, dit
» M. Gallois, pag. 28, il y avoit dans le régiment de
» Valence (3) des officiers plus ou moins aisés : Na-

---

(1) Nous croyons devoir publier de nouveau, comme une de nos preuves, l'article du *Journal de Dijon*, que nous avons intitulé : *Renseignemens sur un Ecrit de Buonaparte, publié par lui-même, et peu connu;* mais, comme son étendue excède les bornes d'une note, il trouvera sa place à la suite de nos observations. (Voyez A.)

(2) Voyez à la suite, B.

(3) Jamais aucun régiment d'artillerie, ce nous semble, n'a porté ce nom.

» poléon, recevant de sa famille ce qu'on appeloit *la*
» *grosse pension*, se trouvoit être un des plus riches;
» car deux officiers seulement avoient alors cabriolet :
» c'étoient les grands seigneurs du corps. »

Où prend donc votre esprit toutes ces gentillesses ?

Ce fragment ne peut s'appliquer qu'à l'époque où Buonaparte étoit à Auxonne; cela se sent de reste. Nous voulons bien, en tout cas, passer à M. Gallois les deux cabriolets sur lesquels nous pourrions disputer; mais nous faisons observer que, s'il est loisible au romancier de départir, selon son bon plaisir, les dons de la fortune à son héros, cette licence n'appartient pas à l'historien; et, puisque nous sommes en position de rétablir la vérité, nous affirmons, ce que tant de personnes savent déjà, que le jeune Buonaparte, loin d'être *un des plus riches* du régiment de La Fère, en étoit au contraire le *moins aisé* ; ses parens, étant sans fortune, n'étoient dans le cas de lui fournir ni *la grosse pension*, ni la petite (1); il étoit borné à son traitement militaire. Il est vrai que, vivant avec une extrême sobriété, et ne faisant aucune espèce de dépense inutile, il se ménageoit par-là le moyen de subvenir à la subsistance et au modeste entretien de son frère *Louis*, entièrement à sa charge. Il est vrai encore que, malgré son grand ordre et sa sévère économie, il laissa quelques légères dettes à Auxonne, lorsqu'il quitta la garnison de cette place pour passer dans le régiment de Grenoble, qui tenoit garnison à Valence. Nous avons vu deux de ses billets : l'un, de cent et quelques

---

(1) Voyez à la suite, C.

francs, entre les mains d'un marchand de draps, pour fourniture d'étoffes; l'autre, de quinze francs, entre les mains d'un serrurier-fourbisseur, pour le prix d'une épée de rencontre à poignée de cuivre doré : engagemens que celui qui les avoit souscrits avoit bien pu perdre de vue, emporté par le mouvement par lequel il étoit poussé, mais dont les porteurs, depuis son élévation au pouvoir suprême, n'ont pas jugé convenable de réclamer l'exécution. Nous savons même qu'une reconnoissance de la livraison d'une mince fourniture de bois oubliée par Buonaparte, existe encore aujourd'hui chez un ancien négociant d'Auxonne, résidant à Dijon, qui la conserve sous verre.

Concluons donc que ce qu'a dit M. Gallois de la richesse du jeune Buonaparte à son entrée dans le corps royal de l'artillerie, est une pure fiction; mais ce n'est pas encore tout.

« A son entrée dans le monde, poursuit M. Gallois, » toujours pag. 28, le caractère de Napoléon éprouva » un changement : il étoit sombre, silencieux à l'Ecole » militaire; il devint gai et plaisant au régiment, et il » n'étoit jamais des derniers lorsqu'il falloit faire quel- » qu'espiéglerie. »

Buonaparte *gai!* Buonaparte *plaisant!!* Buonaparte *espiégle!!!*... Sans doute il étoit permis à l'auteur de chercher à égayer son sujet; mais ceci est par trop fort; car c'est un point constant que cet officier, dont il fait le *lustig* du régiment, étoit, au contraire, sérieux, sévère, appliqué à l'étude, très-retiré, et peu communicatif. On ne le voyoit jamais dans les réunions de ses camarades; il ne s'associoit à aucune de leurs parties de plaisir; il ne prenoit aucune part à leurs jeux, à leurs tours de jeunesse; il se promenoit toujours seul, concentré en lui-même, dans la campagne ou sur les bords de la Saône. En un mot, c'étoit un jeune homme tellement réfléchi, rangé, et appliqué à l'exercice des devoirs de son état, que M. le baron Duteil, commandant de l'Ecole d'Auxonne, dont nous avons déjà parlé, en avoit fait son aide-de-camp, et qu'il le proposoit journellement pour modèle aux autres jeunes officiers. *Messieurs*, leur disoit-il un jour devant nous, après quelques réprimandes, *Messieurs, voyez Buonaparte!*

Nous trouvons dans les dernières dispositions de Napoléon, avec une nouvelle preuve de ce que nous disons du séjour de ce personnage à Auxonne, un témoignage éclatant du souvenir qu'il avoit conservé de son premier général. Voici comment il s'exprime; c'est bien *lui-même* qui parle, dans la première clause du quatrième codicile à la suite de son testament :

« Nous léguons au fils ou petit-fils du baron Dutheil,
» (*Sic*), lieutenant-général d'artillerie, ancien seigneur
» de Saint-André, qui a commandé l'Ecole d'Auxonne
» avant la révolution, la somme de 100,000 fr. (cent
» mille francs) [*Sic*], comme souvenir de reconnois-
» sance pour les soins que ce bon général a pris de
» nous, lorsque nous étions lieutenant et capitaine sous
» ses ordres (1)

Nous ne suivrons pas plus long-temps M. Gallois dans ce qu'il a écrit sur l'homme extraordinaire qui a rempli le monde de sa renommée; son livre nous est tombé des mains presqu'à l'ouverture; et si nous jugions de l'exactitude historique de cette production

---

(1) Il paroît que Buonaparte a été fait capitaine à Valence, et qu'alors le général Duteil y commandoit.

par les deux ou trois échantillons qui nous ont frappé au premier coup-d'œil, nous regarderions tout le reste comme peu *digne de foi*. Cet ouvrage pouvoit être curieux, intéressant, revêtu des seules couleurs de la vérité. Il y avoit dans la vie de Napoléon assez de faits incontestables à recueillir pour le peindre avec autant d'impartialité qu'on peut en attendre d'un biographe contemporain. Qu'étoit-il donc besoin d'en créer? Qu'étoit-il besoin de recourir à ces petits artifices de flatterie par lesquels M. Gallois pense avoir ajouté à la réputation de ce personnage si éminemment historique, sans trop s'embarrasser si cette marqueterie étoit ou non en harmonie avec le titre d'*Histoire de Napoléon d'après lui-même ?* N'est-il pas trop clair que les faits que nous venons de soumettre à l'épreuve d'une juste critique, n'ont jamais été ni pu être *recueillis de sa bouche par ses compagnons d'exil,* non plus que par qui que ce soit?

Et puis voilà comme on écrit l'histoire!

C. N. AMANTON.

Dijon, 23 août 1827.

NOTES JUSTIFICATIVES.

A.

Renseignemens sur un Ecrit de Buonaparte publié par lui-même, et peu connu. (Extrait du *Journal de Dijon*, du 4 août 1821.)

Tandis qué l'on publie comme *OEuvres de Napoléon* de nombreux volumes auxquels son nom est attaché, sans qu'on puisse raisonnablement en conclure que sa plume ait pris le soin de les tracer, qu'il nous soit permis de signaler aux curieux une brochure fort rare, vraiment écrite et publiée par lui, dans un temps où il étoit loin d'aspirer à devenir le personnage le plus important du drame que nous intitulons *la Révolution française*.

La brochure dont nous voulons parler a pour titre : *Lettre de M. Buonaparte à M. Matteo Buttafoco, député de Corse à l'Assemblée nationale.*

Cette lettre porte au-dessous de la signature *Buonaparte* la date suivante : *De mon cabinet Demillelli, le 23 janvier l'an second.*

Elle contient vingt-une pages du format in-8°, caractère *cicéro*, sans que le frontispice (qui n'est qu'un faux titre) indique ni le lieu de l'impression, ni le nom de l'imprimeur.

L'exemplaire que nous possédons nous a été donné, il y a environ 19 ans, par une personne d'Auxonne (1), qui le tenoit elle-même *ex auctoris dono*.

---

(1) Feu M. Lardillon, directeur des postes à Auxonne.

Deux fautes d'impression, l'une à la première ligne de la page 8, et l'autre à la fin de la sixième ligne de la page 9, sont corrigées de la main de l'auteur.

Il n'y avoit pas long-temps que nous étions en possession de notre exemplaire, lorsque, dans un voyage à Dôle (Jura), nous eûmes occasion de visiter M. Joly (*Jos.-Fr.-Xav.*), imprimeur en cette ville, possesseur d'une bibliothèque qui atteste ses connoissances et son bon goût. Nos yeux se promenoient avec complaisance sur les richesses bibliographiques de son cabinet; ils s'arrêtèrent sur un volume fort mince, qui se faisoit distinguer, au milieu d'une quantité de reliures de luxe, par la recherche qui avoit été mise à la sienne : c'étoit la *Lettre de M. Buonaparte à M. Matteo Buttafoco*. Nous apprîmes alors de la bouche de M. Joly que cette brochure étoit sortie de ses presses en 1790; que Buonaparte, qui étoit alors lieutenant au régiment de La Fère, artillerie, en garnison à Auxonne, en avoit revu lui-même les dernières épreuves; qu'à cet effet, il se rendoit à pied à Dôle, en partant d'Auxonne à quatre heures du matin; qu'après avoir lu les épreuves, il prenoit chez M. Joly un déjeûner extrêmement frugal, et se remettoit bientôt en route pour rentrer dans sa garnison, où il arrivoit avant midi, ayant déjà parcouru dans la matinée huit lieues de poste.

Au fond, la *Lettre de M. Buonaparte à M. Matteo Buttafoco*, est un libelle assez curieux contre ce député de la noblesse de Corse à l'Assemblée constituante, et dont le style italico-français est singulier.

On ne sera pas fâché de trouver ici des échantillons de la prose de l'auteur.

Nous lisons page 3 : « M. Paoli avoit rêvé de faire » le Solon; mais il avoit mal copié son original. Il

» avoit tout mis entre les mains du peuple ou de ses
» représentans, de sorte que l'on ne pouvoit exister
» qu'en lui plaisant. Etrange erreur, qui soumet à un
» brutal, à un mercenaire, l'homme qui, par son
» éducation, l'illustration de sa naissance, sa fortune,
» est seul fait pour gouverner. A la longue, un bou-
» leversement de raison si palpable ne peut manquer
» d'entraîner la ruine et la dissolution du corps poli-
» tique, après l'avoir tourmenté par tout genre de
« maux. »

Et page 19, en parlant de M. *Matteo Buttafoco:*
« O Lameth! ô Robertspierre (*Sic*)! ô Peithyon (*Sic*)!
» ô Volney! ô Mirabeau! ô Barnave! ô Bailly! ô La
» Fayette! voilà l'homme qui ose s'asseoir à côté de
» vous! Tout dégouttant (*Sic*) du sang de ses frères,
» souillé par des crimes de toute espèce, il se présente
» avec confiance sous une veste de général, inique ré-
» compense de ses forfaits! il ose se dire le représen-
» tant de la nation, lui qui la vend, et vous le souf-
» frez! il ose lever les yeux, prêter les oreilles à vos
» discours, et vous le souffrez! Si c'est la voix du
» peuple, il n'eut jamais que celle de douze nobles. Si
» c'est la voix du peuple, Ajaccio, Bastia, et la plu-
» part des cantons, ont fait à son effigie ce qu'ils
» eussent voulu faire à sa personne. »

Sans prévenir les réflexions que l'un et l'autre de ces passages peuvent faire naître, finissons par dire qu'à la page 21 de la brochure dont nous venons de signaler l'existence et de faire l'historique, on lit une lettre par laquelle un sieur MASSERIA, *président du club patriotique d'Ajaccio,* annonce à l'auteur que *le club, ayant pris connoissance de cet écrit, en a voté l'impression.* « Il m'a chargé (continue le président)... de vous

» prier d'y donner votre assentiment. Il juge l'impres-
» sion de cet écrit utile au bien public. C'est une rai-
» son qui ne vous permet point d'excuse. Je suis avec les
» sentimens d'estime et d'amitié, etc. » Suit une *note
contenant un extrait des procès-verbaux des séances
de la Société patriotique* d'Ajaccio.

Ajoutons cependant encore qu'au bas de la page 15 et au commencement de la page 16 de sa lettre, M. Buonaparte, parlant de Louis XVI, dit : « Un Roi
» qui ne desira jamais que le bonheur de ses *compa-*
» *triotes*, etc. » et qu'un peu plus loin (page 16), il fait l'éloge d'*Arena*,

Qui depuis (1)........

C. N. AMANTON.

B.

« Une lettre écrite, le 15 août 1821, par M. Joly, imprimeur à Dôle (Jura), à M. C. N. Amanton, à Dijon, contient, sur un ouvrage historique que Buonaparte auroit composé dans sa jeunesse, un renseignement que nous croyons bon à publier, comme appartenant à l'histoire littéraire. « Si vous reparlez de cet homme

---

(1) ARENA (*Joseph*), né dans l'île de Corse, devint adjudant-général en 1793, et fut employé au siége de Toulon, puis député au Corps-Législatif en 1797, et ensuite chef de brigade de gendarmerie, place dont il se démit à la suite de la révolution du 18 brumaire an 9 (9 novembre 1800). Il fut arrêté le 10 octobre 1801, au spectacle de l'Opéra, étant accusé de vouloir attenter aux jours du premier consul; et le tribunal criminel le condamna à mort le 30 janvier 1802, ainsi que Cerachi, Topino-Lebrun, Demerville et Diana, ses complices. (*Biographie universelle.*)

» extraordinaire..... (dit M. Joly), vous pouvez assurer
» qu'il est auteur d'une *Histoire politique, etc., de l'île*
» *de Corse*, que je devois lui imprimer en deux vo-
» lumes in-12, si son régiment n'eût pas reçu ordre de
» se rendre à Toulon (1). *J'ai vu le manuscrit*, que
» l'on aura peut-être trouvé dans ses papiers. » (*Journal de Dijon*, du 19 septembre 1821.)

Dôle, le 23 janvier 1823.

A M. C. N. Amanton, *à Dijon.*

Monsieur,

Dans ma lettre du 15 août 1821, en réponse à la vôtre du 12 de ce mois, je vous disois que vous pouviez assurer que Buonaparte étoit l'auteur d'un manuscrit intitulé : *Histoire civile, politique, etc., de la Corse*, et que si son régiment n'eût pas reçu l'ordre de se rendre à Toulon, il se proposoit de me le faire imprimer.

Pour..... de la vérité de ce que je vous ai dit, vous pouvez lire dans l'ouvrage de M. Barry E. O'Meara : *Napoléon en exil à Sainte-Hélène*, deuxième édition, page 151 du tome II, ce qui suit, et qui fait partie d'une conversation avec ce M. O'Meara, son dernier chirurgien. C'est Napoléon qui parle :

« ...... Je n'avois guère que dix-sept ans lorsque
» je composai une *petite Histoire de la Corse* ; je la
» soumis à l'abbé Raynal, qui me donna des éloges, et

---

(1) Ce fut le départ de Buonaparte pour Valence qui suspendit cette impression, et non le départ du régiment de La Fère pour Toulon, à moins que Buonaparte n'ait passé non d'Auxonne mais de Toulon à Valence ; cela importe peu.

» parut desirer que je la publiasse. Cet ouvrage devoit,
» selon lui, servir la cause de la liberté, dont on com-
» mençoit à parler fortement alors, et me faire une sorte
» de réputation. Je suis bien aise de n'avoir pas suivi
» ses conseils. Il étoit écrit selon l'opinion du jour,
» qui tendoit vers le républicanisme, et ce livre con-
» tenoit les plus forts argumens contre les gouverne-
» mens monarchiques; il respiroit la liberté d'un bout à
» l'autre, et étoit rempli de maximes et de sentimens
» républicains. *Je l'ai perdu depuis......* »

D'après ces derniers mots, il est évident qu'on n'a pas dû retrouver le manuscrit de cette histoire dans les papiers de Buonaparte; mais, ce qu'il y a de sûr, c'est qu'il avoit encore ce manuscrit lorsqu'il partit d'Auxonne, et il est très-probable qu'il ne l'a détruit que parce que les choses ont depuis bien changé de face, et que ce qu'il avoit écrit dans un temps, il ne lui convenoit plus de le publier dans un autre.

Voilà, Monsieur, ce que j'ai cru devoir vous écrire relativement au manuscrit en question, *que j'ai vu et tenu*, et qui a sûrement été anéanti par l'auteur même, à cause des circonstances dans lesquelles il s'est trouvé par la suite.

J'ai l'honneur, etc.

JOLY père, *ancien imprimeur.*

C.

« Voici quelques détails sur la première jeunesse de Buonaparte, que nous rapportons, quoique minutieux, parce que toutes les histoires, vies et biographies que l'on a données de lui sont remplies d'absurdités sur ses premières années.

» Vers la fin de 1778, Napoléon Buonaparte fut envoyé d'Ajaccio au collége d'Autun (Saône-et-Loire), où son frère Joseph l'avoit précédé ; ils y entrèrent comme pensionnaires par la protection de M. de Marbœuf, gouverneur de Corse, dont le frère étoit évêque d'Autun. Napoléon n'est resté que peu de mois à ce collége, en étant sorti pour se rendre à l'Ecole militaire de Brienne, où le même protecteur le fit entrer. Il y fut conduit avec le fils de M. de Champeaux, par M. de Champeaux père, et il y est arrivé le 2 avril 1779. Son père, M. Charles Buonaparte, l'y attendoit depuis cinq ou six jours. Joseph Buonaparte est resté à Autun six à sept ans : il y a été tonsuré. Lucien est allé l'y rejoindre; mais il n'y a été que vingt-un mois. Joseph et Napoléon étoient d'un caractère très-doux, très-soumis. Lucien étoit vif, et faisoit plus de progrès que ses frères.

» Nous tenons ces détails d'un de nos amis, très-digne et très-respectable ecclésiastique, âgé de quatre-vingts ans, qui étoit alors professeur au collége d'Autun, et que Joseph Buonaparte n'a point oublié lorsqu'il est parvenu aux dignités suprêmes, car il lui a offert l'évêché de Mende, qu'il a eu la modestie de refuser. M. l'abbé Simon (1) également professeur des frères Buonaparte au collége d'Autun, a été nommé par la même protection du reconnoissant Joseph à l'évêché de Grenoble (2), où il est mort depuis peu de temps. Il est vrai que M. Simon avoit plusieurs fois

---

(1) Simon (Claude), né à Semur, Côte-d'Or, le 5 novembre 1744.

(2) Il a été sacré le 8 août 1802.

contribué de sa bourse pour habiller le jeune Joseph; les foibles secours que sa famille, ou M. de Marbœuf, faisoient parvenir à Joseph étoient adressés à un certain G. V. de M. l'évêque d'Autun, qui les gardoit pour lui, et Joseph restoit dénué de tout. Ce G. V. est devenu pendant la révolution un homme digne de la conduite qu'il a tenue dans cette circonstance.

» Cinq ans après l'entrée de Napol. Buonaparte à l'école de Brienne, l'inspecteur chargé d'examiner les élèves qui devoient passer à l'école de Paris, donna sur le jeune Napoléon la note suivante :

« INSPECTION DES ÉCOLES ROYALES ET MILITAIRES,
» année 1784, sous le ministère de M. de Ségur.

» M. de Buonaparte (Napoléon), né le 15 août 1769,
» taille de quatre pieds dix pouces.

» Il a fait sa quatrième.

» De bonne conduite, santé excellente, caractère
» soumis, honnête, et reconnoissant. Conduite très-
» régulière, s'est toujours distingué par son applica-
» tion aux mathématiques; il sait passablement son
» histoire et sa géographie. Il est assez foible dans
» les exercices d'agrément, ainsi que pour le latin, où
» il n'a fait que sa quatrième : ce sera un excellent
» marin.

» Mérite d'entrer à l'Ecole de Paris. »

Tout ce fragment est extrait d'un *Recueil historique des Testamens anciens et modernes les plus remarquables par leur importance, leur singularité, bizarrerie, etc.*; ouvrage curieux, actuellement sous presse. Nous sommes redevables de ce même fragment à la complaisance de l'auteur, notre ami.

Le testament de Napoléon, rapporté avec plus de détails et d'exactitude qu'on ne l'a fait jusqu'alors, fait partie de l'ouvrage dont nous venons de parler; ce testament est suivi de la relation des discussions auxquelles il a donné lieu.

C. N. AMANTON.

(Extrait des *Annales de la Littérature et des Arts*, 361e et 362e Livraisons, tome XXVIII.)

www.ingramcontent.com/pod-product-compliance
Lightning Source LLC
Chambersburg PA
CBHW060618050426
42451CB00012B/2309